THERESA KIM
# 한국 전쟁
6.25

〈무궁화꽃이 피었습니다〉 1953년 7월, 휴전 협정 카드

# THERESA KIM

# 한국 전쟁

## 6.25

Prologue

# 교향시 "한국 전쟁, 6.25"

김남윤  W필하모닉오케스트라 음악감독겸 상임지휘자

김테레사의 『한국 전쟁, 6.25』.

그는 3번째 작사 작곡집인 『한국 전쟁, 6.25』에서 여섯 살의 어린 소녀가 보고 겪었던 6.25전쟁의 참혹한 전쟁을 포화 속에서 싹튼 사랑의 모습으로, 아빠와 헤어진 쓰라림을 어린 소녀의 꿈속에서의 하늘의 위로로, 전쟁으로 인한 궁핍함을 특유의 해학 등으로 묘사한 곡들을 통해 아직도 많은 사람들에게는 현재도 진행형인 6.25 전쟁을 다양한 음악으로 모든 이들이 공감할 수 있는 기회를 만들었다.

천부적인 예술적 감각을 지닌 그가 오랫동안 사진작가로서 그리고 화가로서 표현한 훌륭한 작품들을 통해 세상을 그려냈고, 이제 『한국 전쟁, 6.25』에서 시와 음악을 통해 어린 소녀가 겪은 민족의 아픔과 아직도 많은 이들에게 남아 있는 상처와 아픈 기억들을 위로하는 메시지를 그려냈다.

이 작곡집은 회화적·서사적·역사적·영웅적인 요소들이 시적인 가사와 음악으로 작곡되어 있어서 모든 곡들을 성악과 오케스트라로 연주한다면, 아마도 6.25전쟁을 주제로 한 매우 큰 의미가 있는 최초의 교향시가 될 것이다.

\* 교향시(Symphonic Poem)는 교향적(Symphonic)인 것과 시(Poem)의 두 개념이 결합되어 만들어져서 오케스트라로 연주되는 음악의 한 장르이다.

# Contents

5      Prologue · 김남윤

## I부    한국 전쟁, 6.25

11      철의 삼각지
17      최승희 KID
21      중공군 오빠
25      헤파이토스의 불씨
29      전쟁과 사랑
33      백야의 철원 뒷낭 동굴
37      외동봉 다리
41      Just 3 days
45      밥 대신 술

## II부    서울 수복, 그때 그리고 그 후

51      은전다방 I
55      은전다방 II
57      그림자도 없네요
59      치즈케익 사러 온 그 사람
63      마로니에 길의 여인
67      나는 삐에로

72      작가 노트
74      Epilogue · 김테레사

I부
한국 전쟁, 6.25

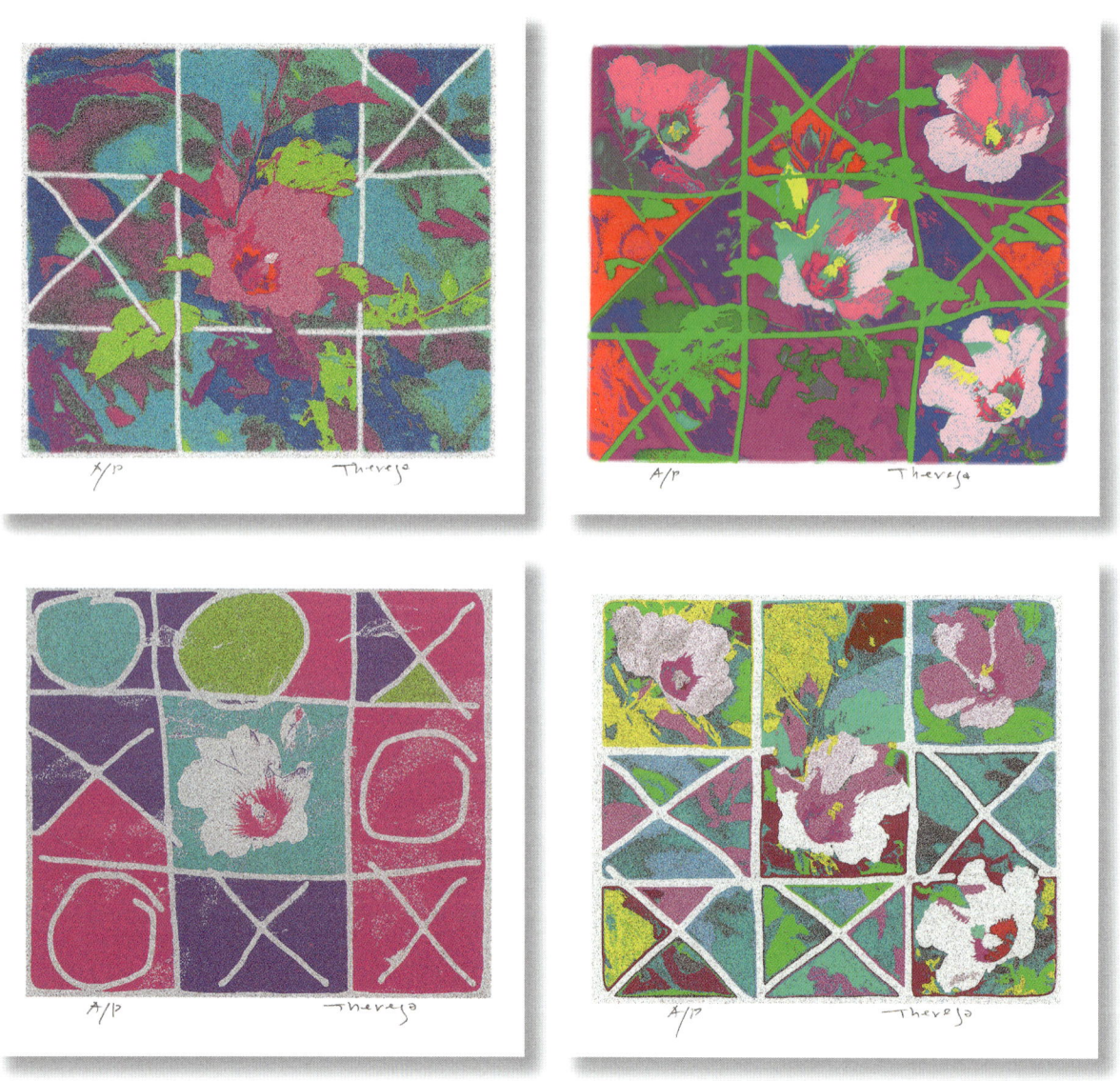

〈무궁화꽃이 피었습니다〉 1953년 7월, 휴전 협정 카드

# 철의 삼각지

작사·작곡 김테레사

# 철의 삼각지

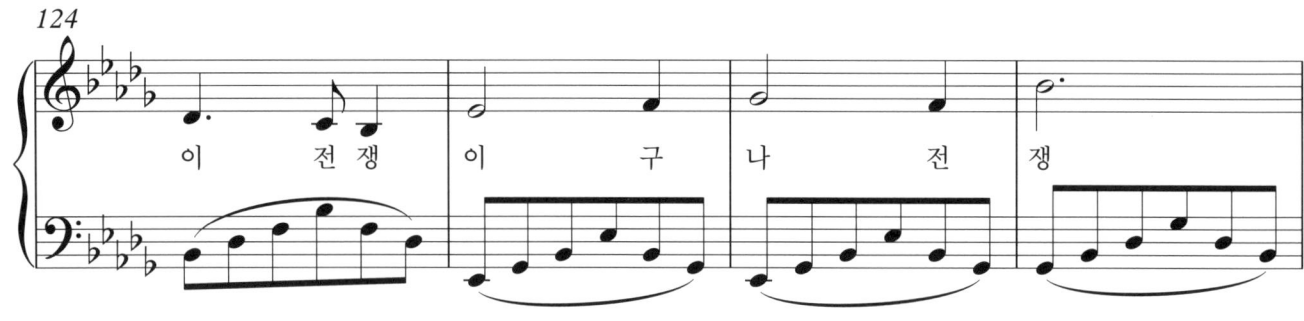

# 최승희 KID

작사·작곡 김테레사

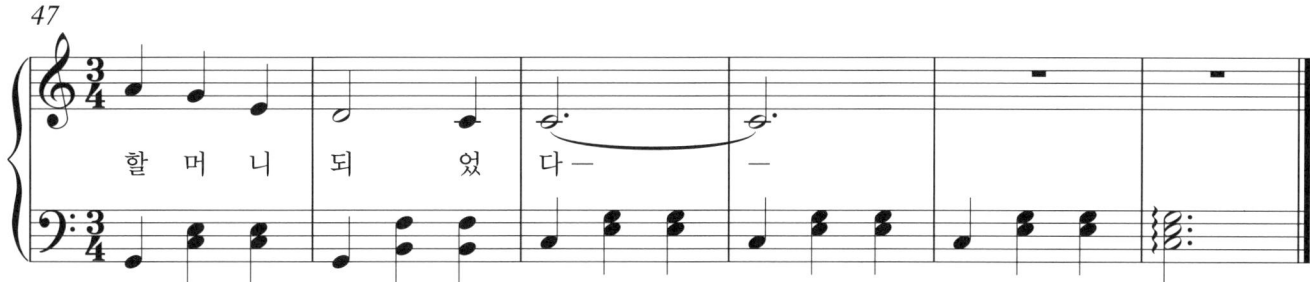

〈불새〉

# 중공군 오빠

작사·작곡 김테레사

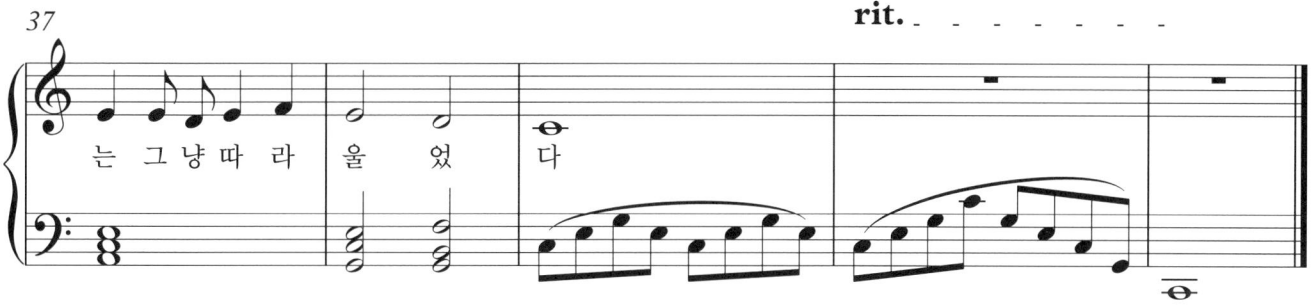

모닥불 위로 날아가는 북한 돈

# 헤파이토스의 불씨

작사·작곡 김테레사

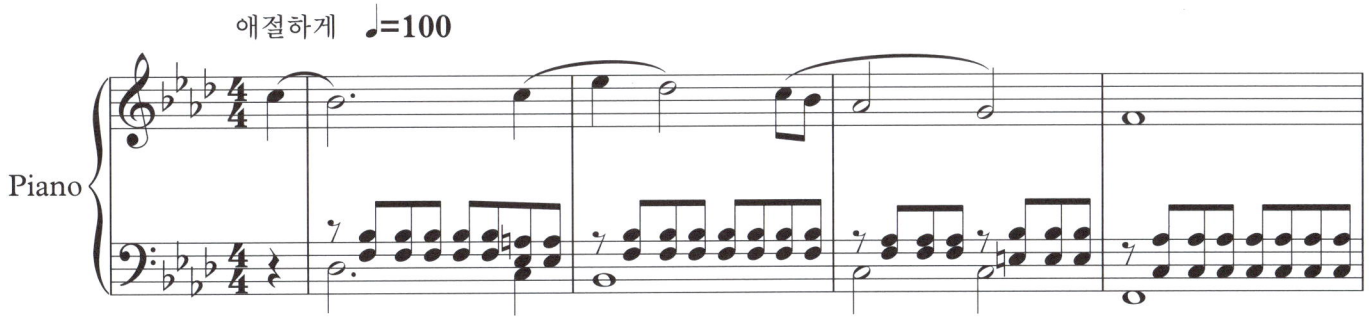

# 전쟁과 사랑

작사·작곡 김테레사

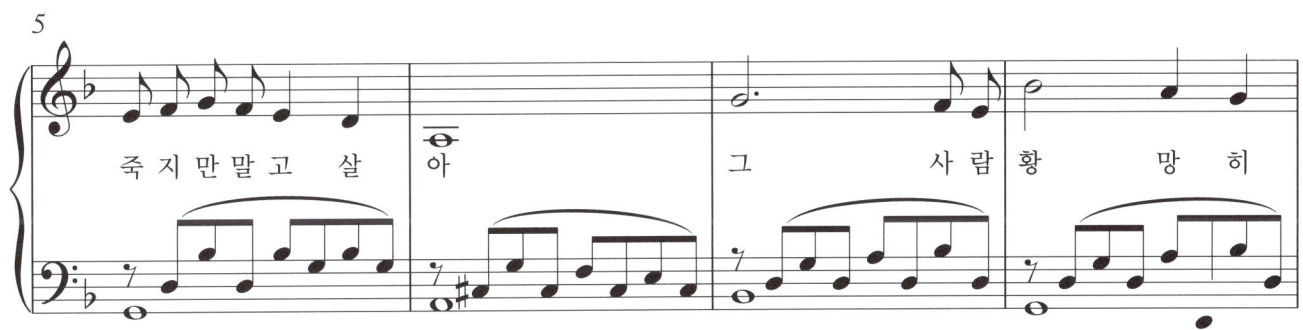

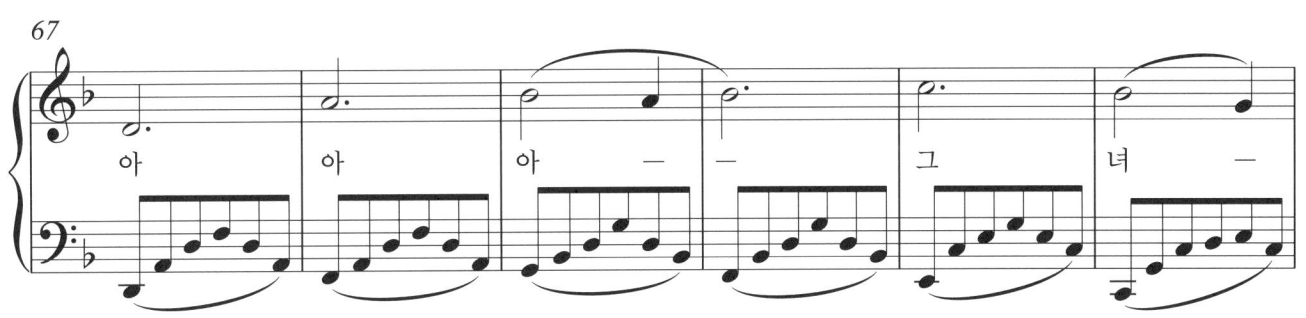

전쟁과 사랑

# 백야의 철원 뒷낭 동굴

작사·작곡 김테레사

# 외동봉 다리

작사·작곡 김테레사

# 외동봉 다리

외동봉 다리

# Just 3 days

작사·작곡 김테레사

# Just 3 days

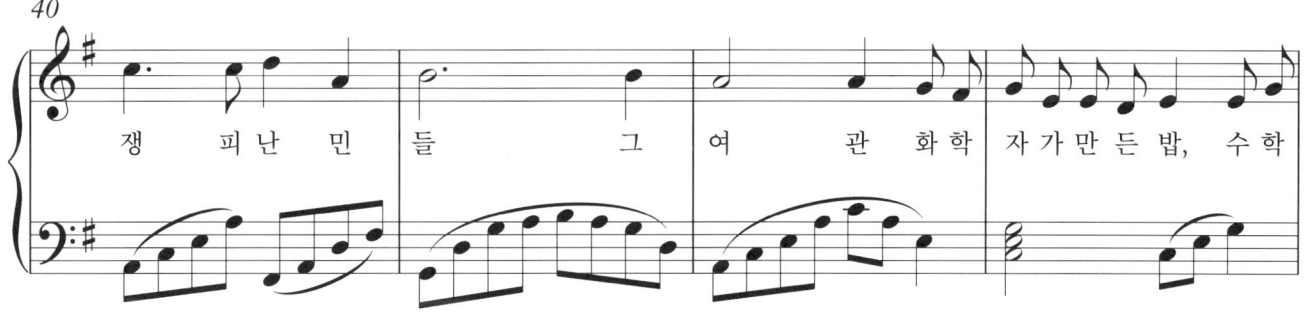

# Just 3 days

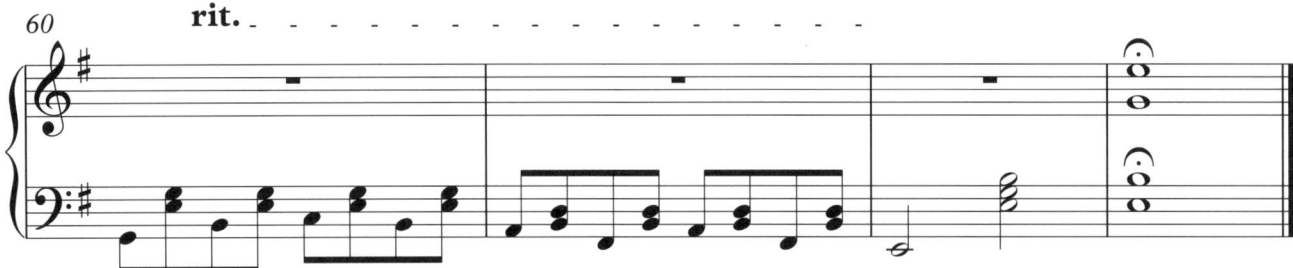

# 밥 대신 술

작사·작곡 김테레사

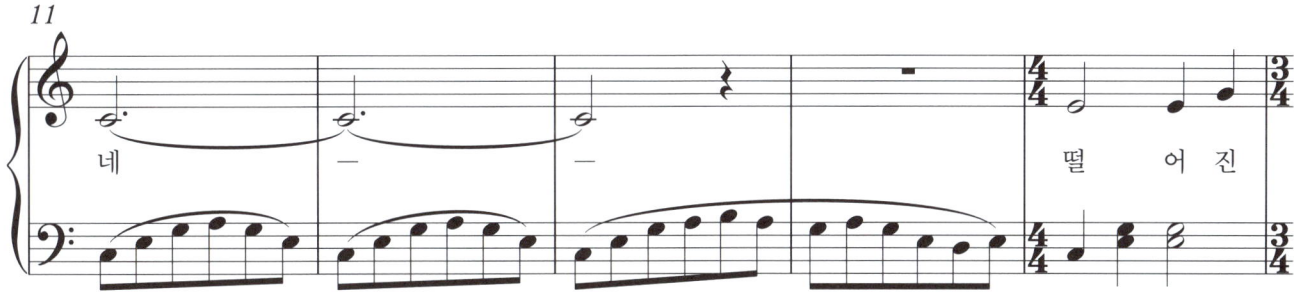

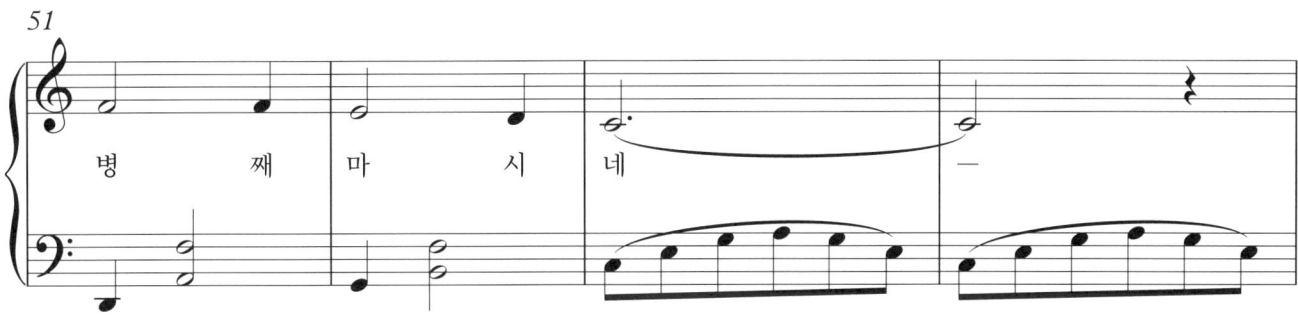
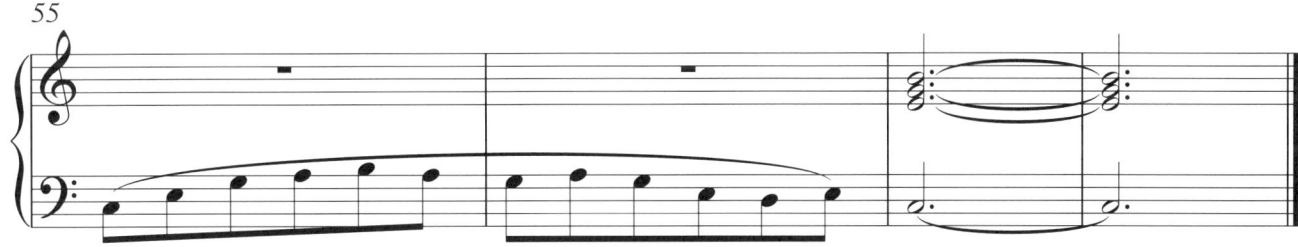

II부
서울 수복, 그때 그리고 그 후

러시아 영사관의 전쟁 잔해, 사진 김승원

# 은전다방 I

작사·작곡 김테레사

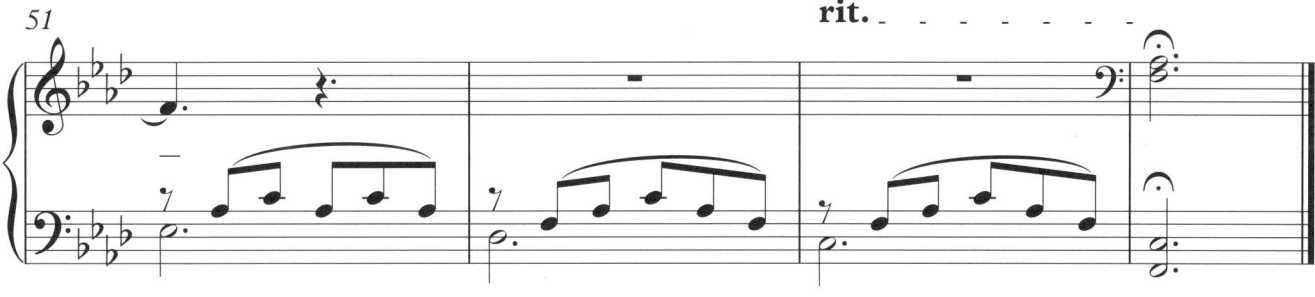

# 은전다방 II

작사·작곡 김태레사

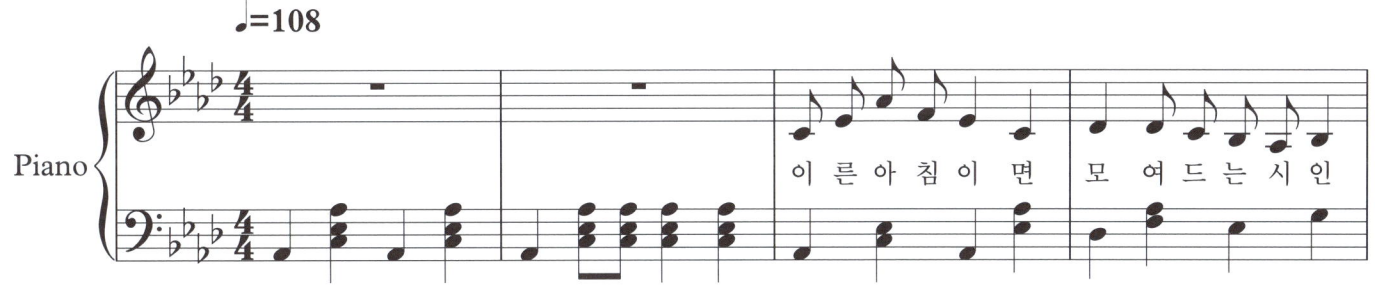

# 그림자도 없네요

작사·작곡 김테레사

# 치즈케익 사러 온 그 사람

작사·작곡 김테레사

치즈케익 사러 온 그 사람

람

# 마로니에 길의 여인

작사·작곡 김테레사

# 마로니에 길의 여인

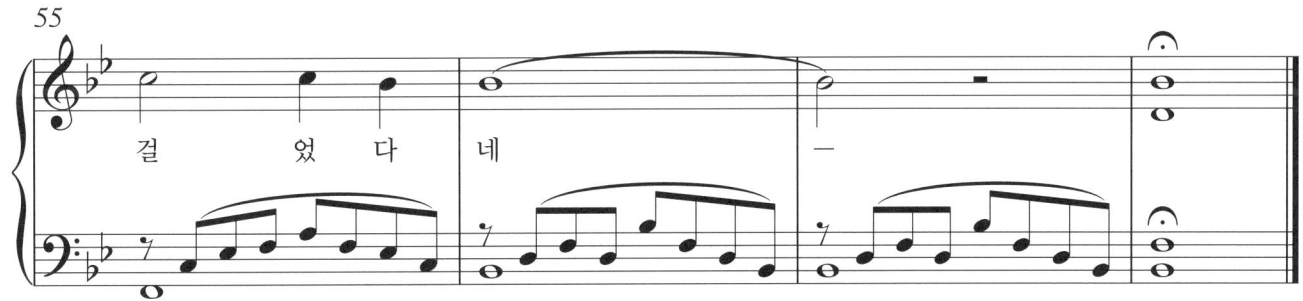

# 나는 삐에로

작사·작곡 김테레사

나는 삐에로

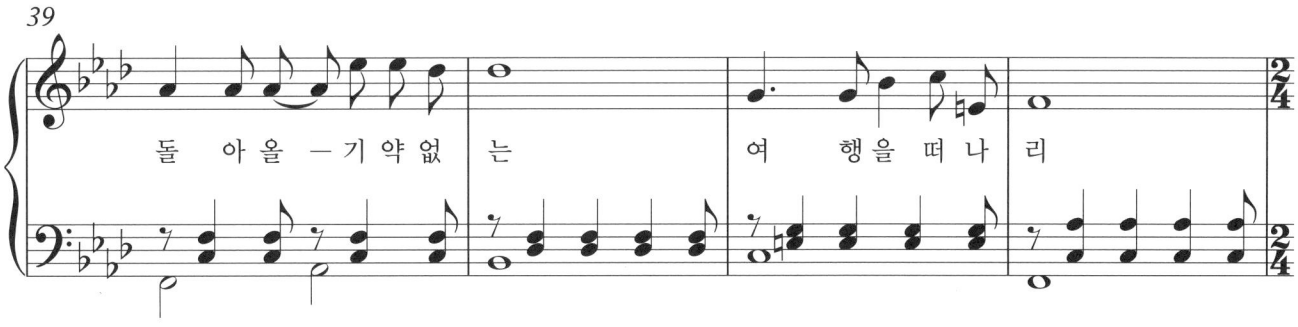

"자유는 공짜가 아니다(Freedom is not free)"라는 말이 있다. 많은 희생이 따른다는 의미일 것이다. 뉴욕항 배터리파크에는 한국 전쟁 참전용사비가 서 있고, 그 바닥에는 희생자들의 숫자가 새겨져 있다. 그들을 되새겨 보는 의미로 여기에 옮긴다. (국방부 자료 참조)

|  | 전사 | 부상 | 실종 |  | 전사 | 부상 | 실종 |
|---|---|---|---|---|---|---|---|
| 미국 | 36,940 | 92,134 | 8,176 | 콜롬비아 | 163 | 448 | 28 |
| 영국 | 1,078 | 2,674 | 1,176 | 그리스 | 192 | 243 | 3 |
| 캐나다 | 312 | 1,212 | 33 | 뉴질랜드 | 23 | 79 | 1 |
| 터키 | 741 | 2,068 | 407 | 에티오피아 | 121 | 536 |  |
| 호주 | 339 | 1,216 | 29 | 벨기에 | 99 | 336 | 5 |
| 필리핀 | 112 | 229 | 57 | 프랑스 | 262 | 1,008 | 19 |
| 태국 | 129 | 1,139 | 5 | 남아프리카 연방 | 34 |  | 9 |
| 네덜란드 | 120 | 645 | 3 | 룩셈부르크 | 2 | 13 |  |

\* 인도, 노르웨이, 덴마크, 스웨덴, 이탈리아는 의료지원을 했다.

# 작가 노트

### 철의 삼각지
아직, 전쟁은 끝나지 않았다. 반세기 넘은 70년 그 세월 속, 남과 북, 남한강, 북한강의 흐름과 함께 그래도 꽃을 피우기도 했다. 전쟁이 유산이 되어 버렸지만, 종전의 함성이 이 강산에 울려퍼지길 기대한다.

### 최승희 KID
철길 따라 아이는 마냥 즐거웠다. 전후의 폐허 속에서 빠르게 적응했고, 비참함 속에서 자기화를 시작했다. 철길 따라 노래하고, 바람에 맞춰 춤을 췄다.

### 중공군 오빠
능선 따라 토굴을 파놓은 중공군들. 비산비야(非山非野) 피난처에 젊은 군인이 찾아왔다. 전선에 오기 전에 대학생이었다며 그렁 눈물을 보였다. 그는 우리에게 고추기름과 비단신발을 남기고 먼 길을 떠났다.

### 헤파이토스의 불씨
"아빠~" 마지막으로 부른 뒤 고향을 떠났다. 포천에서 마주한 불꽃과 바람. 북한 돈은 재가 되어 북녘 하늘로 날아갔다. 과거를 태웠고, 인연을 태웠다. 그 불씨는 헤파이스토스가 만들었을까. 이후 엄마와 함께 남녘의 삶을 차곡차곡 채워갔다.

### 전쟁과 사랑
둘은 뜨거웠다. 숨막힘 껴안음, 무아속… 둘은 그냥 하나가 되었다. 포탄과 총성소리 멀리 들으며. 삶을 약속할 수 없는 전쟁 속 그들은 약속 없이 헤어졌다. 그런데, 뜻밖의 전쟁의 선물, 한 아이의 탄생. 엄마 성을 가진 그 아이는 자라서 치과의사가 되었다.

### 백야의 철원 뒷냥 동굴

1950년 어느 날 밤, 눈이 무릎까지 내려 산하가 하얗게 빛났다. 엄마 등에 업힌 아이는 까르륵 신이 났다.
갑자기 하늘에 꽂힌 불빛, 멀고 먼 피난길이 시작됐다. 조명탄에 비친 눈은 설국을 만들었다.
지울 수 없는 아름다움. 폭격을 피해 찾아든 동굴. 동네 이름을 따서 '뒷냥 동굴'이라고 했다.
거기서 보았다. 어둠 속에서 찬란히 빛나던 수정의 광채를. 전쟁 와중에도 천연의 아름다운 세계가
있었다. 결혼예물로 받은 자수정 반지를 지금껏 간직하고 있는 이유다.

### 외동봉 다리

댐 아래로 깊고 맑은 물이 흘렀다. 갑자기 굉음 속에 B29가 나타나 포탄을 쏟아 부었다.
강물이 세차게 흩어지고, 쑥대밭이 되었다. 그러나 댐은 무너지지 않았다. 조종사도 보았으리,
주민들의 소중한 젖줄임을. 외동봉 들판엔 봄마다 꽃이 피었다.

### Just 3 days

"작년에 왔던 각설이~~ 품바 품바" 인간의 애환을 담은 노래, 연명을 위한 슬픈 노래.
피난생활 속에서도 웃음을 주었던 노래다. 3일간 머물렀던 전주의 여관에서 여러 사람을 만났다.
전북대 화학과 교수를 지낸 황재순도 그 중의 하나다.

### 밥 대신 술

6.25란 붉은 물결이 스쳐 갔다. 그 바람결에 요령 없는 화가들은 배가 고팠다. 그 시대엔 쌀은
외상 안 줘도 술은 가능했다. 부부는 술의 취기에 기대어 허기를 달랬다. 배곯았던 예술가 이야기는
동화 같은 실화다.

# Epilogue

김테레사

오늘도 태양은 떠오른다.

세월이 그만큼 갔으면 잊을 만도 하련만, 반세기를 넘어서서 이젠 유산이 되어 버린

한국 전쟁 6·25, 첫사랑도 아닌데 점점 생생한 '기억'이 되어 달빛 속 천년 기억이 되어 버렸다.

'전쟁과 아이' 6살의 아이가 본 전쟁의 기억과 함께 어른들의 뼈아픈 전쟁의 생생한 모습을

들으며 자란 나의 이야기들을 음악으로 엮었다. 이제 마무리되어 가고 있는 내 삶의 축제에

마지막으로 다시 연필을 잡았다.

남한강과 북한강은 하나로 이어져서 유유히 흐르건만 우린 지금도 38선이란 커다란

금을 그어 놓고 남과 북이라고 한다. 고요한 비무장지대는 수많은 지뢰와 전쟁의 잔해들을 품은 채

비발디의 사계를 반세기 넘도록 연주하고 있다. 머지않아 6·25는 기억하는 이들마저 사라져서 역사

속의 한 페이지가 될 것이다. 얼마 전 전쟁을 모르는 한 젊은 작곡가가 내 작곡집을 보며 '모리꼬네

말레나'의 테마가 떠오른다는 이야기를 듣고 묘한 감정이 출렁이었다.

우린 이미 끝난 제2차 세계대전은 잘 알지만 아직 끝나지 않은 한국 전쟁은 잘 모른다!!

이번 한국 전쟁 악보집을 내면서 〈철의 삼각지〉와 〈전쟁과 사랑〉 두 곡은 한국 전쟁 '레퀴엠'이라고

해도 좋고 교향곡이라 이름을 붙여도 좋다. 내 생에 가장 아픈 기억들, 내 노래를 불러본다.

최승희 KID.

여기, 삶의 마지막 축제. 골드라인 휴먼센터 아트홀 오픈 기념 초대전과 콘서트로 나의 뒷모습을

남긴다. 신의 축복이었다. 전쟁으로 무희의 꿈은 접고, 클래식 발레를 "자유와 열정의 파드되",

캔버스 위에서 춤을 추었다. 그리고 노래를 만들었다. 시간과 공간을 넘어서 산 세상, 아름다웠다.

새벽 바람 속 유유히 남산을 바라본다.

새벽 별이 정말 아름답다.

5월 새벽 어느날

2024년 4월 18일, 골드라인 휴먼센터 아트홀 개관 기념 초대전 「투우사의 노래」와 콘서트에서 나의 유화 작품과 음악 작품이 함께 전시되고 공연되었다. 오른쪽 가운데 사진은 석상근 바리톤과 함께.

사진 김승원

**김테레사**

김테레사는 1979년 뉴욕의 프랫 인스티튜트 대학원에서 회화를 전공했다.(MFA)
뉴욕 히긴스 갤러리(1979), 선화랑(1980.1982), 공창화랑(1984), 뉴욕 중앙미술대전(1985),
호암미술관(1988), 조선화랑(1988, 1992), 박영덕화랑(1996), 프레스센터(1998),
예술의 전당(2005), 베이징 올림픽 「동아시아의 비전」(2008), 청담아트센터(2011),
인사아트센터(2019) 등에서 회화전을 가졌고, 「비원」(1970, 국립공보관), 「바람」(1972,
국립공보관), 「워싱턴 스퀘어」(1975, 미도파화랑), 「뉴욕의 대중문화, 보통사람들의
벽화」(1984, 파인힐갤러리), 「장미」(1994, 파인힐갤러리), 「워싱턴 스퀘어 1973-2010」(2012,
뉴욕 이튼 코헨 파인아트 화랑), 제11회 서울사진축제 카메라당 전성시대
북서울미술관(2020년), 「1980년대 여성사진운동」(2021, 서울시립 북서울미술관) 등의
사진전을 가졌다.

제3회 동아국제사진살롱 은상(1968), 제6회 동아사진콘테스트 특선(1968),
동아국제아트쇼 금상(1969), 제7회 동아사진콘테스트 특선(1969)을 수상했으며,
「1980년대 여성사진운동」에 전시되었던 작품을 포함하여 워싱턴 스퀘어 사진작품
40점이 서울특별시 문화본부 박물관과에 소장되었다.(2021) 또한 2023년 덕수궁 미술관
「가장 진지한 고백―장욱진 회고전」에 김테레사가 1969년경에 찍은 장욱진 인물사진이
출품되었고 전시가 끝난 후 사진작품은 덕수궁 미술관에 소장되었으며, 동아일보
사진컨테스트 특선작 2점(1968, 1969)과 동아일보 국제사진살롱 은상(1968) 작품이
뮤지엄 한미에 소장되었다.

화집으로 『김테레사 작품집 1978-2010』(2011, 열화당), 사진집으로 『워싱턴 스퀘어,
그때 그리고 그 후』(2011, 열화당), 『뉴욕 뉴욕』(2022, 레인보우), 에세이집으로
『화가의 기쁨』(2014, 열화당), 작곡집으로 『화가의 노래』(2021, 레인보우), 『전쟁과 아이』(2021,
레인보우), 『마지막 사랑』(김테레사 작사·김인규 작곡, 2023, 레인보우)이 있다.

그리고 2024년 4월 18일, 골드라인 휴먼센터 아트홀 개관 기념 초대전 「투우사의 노래」와
콘서트에서 작가의 유화 작품과 음악 작품이 함께 전시되고 공연되었다.

**THERESA KIM**
## 한국 전쟁 6.25

**초판1쇄 발행** 2024년 8월 15일  **발행인** 김희정  **발행처** 레인보우
경기도 파주시 회동길 363-21 4층
**전화** 031-955-9966  **팩스** 031-955-9955  **e-mail** rainbow_hjk@naver.com
**등록번호** 제406-2014-000085호  **등록일자** 2014년 9월 15일

ISBN 979-11-958218-1-5  03670